I. DIGAS Es tanzt der Gelbe Onkel

I. DIGAS

Es tanzt der Gelbe Onkel

Stöckchenreime und Lehrgedichte

für Spankingfreunde

Herstellung und Verlag: BoD – Books on Demand,
Norderstedt

Printed in Germany

ISBN 978-3-734772542

Titelfoto: I. DIGAS

Zum Geleit

Die körperliche Züchtigung ist für eine lange Zeit die übliche Form der Bestrafung von angeblichem oder tatsächlichem Fehlverhalten gewesen. So war es selbstverständlich, dass Eltern ihre Kinder, Lehrer ihre Schüler und Lehrherren ihre Lehrlinge nach Gutdünken schlagen durften. Heute ist diese Form der Strafe verboten, und das sicher aus guten Gründen.

Allerdings gibt es eine nicht unerhebliche Anzahl von erwachsenen Menschen, die in einer Züchtigung, insbesondere mit dem früher gefürchteten Rohrstock, auch ‚Gelber Onkel' genannt, ihre sexuelle Lusterfüllung finden. Diese Spankingfreunde werden oft als eine Untergruppe der Liebhaber sadomasochistischer Spiele gesehen, aber nach ihrem und dem Verständnis der SM-Anhänger bilden Spankingfreunde eine eigenständige Gruppe.

Wie auch im Bereich des SM gibt es eine reichliche Fülle an Spankingliteratur. Dabei handelt es sich überwiegend um Kurzgeschichten und Romane, während man Gedichte eher selten findet. Dabei bietet gerade die Poesie mit ihrer Vielfalt an Gedichtformen sehr gute Möglichkeiten, Spankingtexte einmal anders darzubringen.

Das vorliegende Werk umfasst zum einen die von mir ‚Stöckchenreime' genannten Texte: Hier steht, wie die Bezeichnung dieser Gattung bereits vermuten lässt, der Rohrstock im Mittelpunkt. Das Merkmal der Stöckchenreime ist daher die Erwähnung dieses Strafinstruments in einer seiner bekannten Formen wie beispielsweise Stock, Rohrstock, Gelber Onkel usw. Damit aus Gründen der Abwechslung auch andere Instrumente erwähnt werden können, firmiert der erste Teil unter der Überschrift ‚Stöckchenreime und andere Gedichte'.

Um die Fülle an Gedichtformen ansatzweise auszuschöpfen, wurden verschiedene Lyrikvarianten verwendet: Zum einen kommt die ‚klassische Lyrik', bei der Reim, Versmaß, Versfuß, Kadenz usw. streng geregelt sind, zum Einsatz. Da diese Form jedoch schon seit über zwanzig Jahren von der ‚freien Lyrik' verdrängt wird, bei der all diese Regeln ebenso wenig eine Rolle spielen wie Rechtschreibung, Zeilenlänge usw., findet sich auch diese Form im vorliegenden Band.

Als dritte Gedichtform habe ich Dreizeiler im japanischen Stil, so genannte Haiku, geschrieben. Hier besteht ein Gedicht aus drei Zeilen und siebzehn Silben, die sich im Rhythmus 5-7-5 auf die Zeilen verteilen.

Des Weiteren sind auch einzelne Haibun enthalten. Dabei handelt es sich um eine subjektive Betrachtung einer Situation, die mit einem Haiku endet.

Neben den Stöckchenreimen in ihren unterschiedlichen Gedichtformen bilden die Lehrgedichte den zweiten Teil dieses Bandes. Streng genommen gehören sie überwiegend in die Kategorie der Stöckchenreime, allerdings mit einer anderen Intention: Während die ‚normalen' Gedichte unterhalten wollen, dienen die Lehrgedichte als Merksätze für bestimmte Verhaltensweisen. Ihnen allen ist gemeinsam, dass es sich um Zweizeiler handelt, bei denen im ersten Teil ein Fehlverhalten benannt und im zweiten Teil die Bestrafung angedroht wird. Vielleicht können sie das eine oder andere Spiel bereichern.

Zum Schluss noch eine Selbstverständlichkeit, die aber sicherheitshalber erwähnt sein soll: Alle in den nachfolgenden Texten erwähnten Personen, ganz gleich ob real oder fiktiv, sind älter als 18 Jahre und handeln aus freien Stücken in gegenseitigem Einverständnis.

Nun aber: Viel Spaß beim Lesen!

Mit besten Grüßen
I. DIGAS

1. Stöckchenreime und andere Gedichte

Freud und Leid

In einem engen Lederrock
empfang ich böse Buben,
dann gibt es Haue mit dem Stock
in meinen guten Stuben.

Es setzt die Prügel gleich recht hart,
so dass erschrickt der Kecke,
nie behandle ich sie zart,
danach geht's in die Ecke.

Ist die Strafe dann vorbei
hat der Bube Müh beim Gehen,
stöhnt sein „Au!" und „Ach, o wei!",
das kommt vom Stock und Eckestehen.

Doch schon bald kehrt er zurück,
will wieder Schläge haben,
die sind ihm stets sein ganzes Glück
und ich geize nicht mit Gaben.

***

Am Ende Wohlgefühl

Zischend saust der Stock hernieder,
striemt die Hinterbacken durch,
winselnd flehe ich um Gnade,
während wild mein Hintern zuckt.

Brav sein, will ich, das versprech' ich,
jedoch du glaubst von mir kein Wort,
zu oft gebrochen hab ich Versprechen,
so dass ich werde heut bestraft.

Immer wieder saust er nieder,
längst schon steht mein Po in Flammen,
kreuzen Hiebe sich mit Striemen,
zuckt wild der Hintern hin und her.

Dann endlich ist es überstanden,
hat ein Ende meine Qual,
doch noch lange brennt das Feuer,
und ich genieß der Hiebe Wärme.

***

Drei Haiku

Eng sitzende Shorts
ziehen Blicke magisch an,
erwecken die Lust.

***

Lustvolles Stöhnen,
dein rot versohlter Hintern
bringt dich in Wallung…

***

Striemen auf dem Po,
ohne Scham von dir gezeigt
als Zeichen der Lust.

***

Geliebte Strafe

Wieder einmal muss ich zahlen,
denn ich war zu laut beim Prahlen,
hab mich gerühmt manch Missetat,
in dem Lokal beim Spiel von Skat.

Wie ich mit Streichen hab brilliert,
hat dich gar nicht amüsiert,
du hast befohlen mich nach Haus,
um mir zu Treiben Streiche aus.

Nun liege ich hier überm Bock,
wartend auf dich mit deinem Stock,
komplett entblößt reckt hoch mein Po,
das ist es, was ich liebe so.

Ich liebe deine Strafen sehr,
danach ich stets mich sehr verzehr,
drum erfinde ich viel Unsinn,
damit ich überm Bock gleich bin.

Hiebe sind für mich das Schönste,

darin bin ich der Verwöhnste,

doch du das Spanking liebst auch sehr,

drum ich erfind der Lügen mehr.

Dann leben aus wir unser Spiel,

haben Spaß und der Freude viel,

was uns innig schweißt zusammen,

lodern lässt die Liebesflammen.

***

Erkenntnis

Den Rohrstock kenn ich nur zu gut,
weil oft schon überm Bock ich lag,
zu beziehen meine Strafe,
mal bekleidet, mal auch nicht.

Zum Strafverbüßen gehört viel Mut,
denn große Schmerzen beschert der Stock,
da hilft kein Betteln und kein Jammern,
weil ein Versprechen ich oft schon brach.

Doch wenn es dann ist überstanden
und ich schämend in der Ecke stehe,
verheult, verstriemt, vielleicht gar nackig,
genieße ich der Striemen Wärme.

Und wenn es dann mir besser geht,
versteh als Sinn der Strafe ich
dass Fehlverhalten sich lohnet nicht,
es bringt mir ein nur Popo-Schmerzen.

***

Strafgang eines Mannes

Die Tür wirkt wie ein großer Schlund,
ich weiß, gleich lieg ich über'm Bock
und auf mir tanzt der gelbe Stock.
Zu Recht, ich war ein fauler Hund.

***

Strafgang einer Frau

Zitternd gehe ich zum Haus
und weiß, gleich lieg ich über'm Bock,
dann tanzt auf meinem Po der Stock,
denn ich war eine faule Maus.

***

Provozierte Strafe

Ich sehn mich nach dem Stocke sehr,
doch du hast keine Zeit für mich,
drum greif zu einer List ich nun,
um doch zu kommen an mein Ziel.

Laut Musik ich lass erschallen,
dazu ich renne hin und her,
und nach einer kurzen Weile
bist du gereizt und schimpfst gar sehr.

Nun ich fange an zu lachen,
was schlägt aus des Fasses Boden,
und nun dauert es nicht lange,
bis auf dem Po der Rohrstock tanzt.

Nun ist erreicht mein großes Ziel,
ich genieß des Popos Hitze
und Lustgefühl in meinem Glied,
an dem ich selber Hand anleg.

Rasch ich bin mit Rubbeln fertig,
doch dir missfällt dies ganz und gar,
denn nun auch Hitze dich beherrscht,
dein Schlitzchen nach Erlösung schreit.

Doch weil ich habe onaniert,
sind meine Hoden nun geleert,
darob du gar sehr wütend bist,
mich mit dem Stock erneut verdrischt.

Sofort die Lust mich übermannt,
die Hoden sich prall rasch füllen,
und so mein Speer erneut steif steht,
um zu stoßen deinen Schlitz.

Nun treiben wir es beide wild,
mit Freud und hemmungsloser Lust,
doch alles dies nur möglich war,
weil ich gereizt hab dich gar sehr.

***

Haiku zum Thema Sommer

Der Sommerregen
durchnässt all meine Kleidung,
kühlt meine Striemen.

***

Im ganzen Sommer
blüht verborgen meine Lust
auf Hiebe im Wald.

***

Die Sommersonne
trifft auf dem Nacktwanderweg
dich, mich, die Striemen…

***

20

Am Strand im Sommer
sitze ich nackt und verstriemt
in dem heißen Sand.

***

Ein heißer Sommer,
Hiebe und Demütigung
- das Leben ist schön!

***

Endlich fängst du an,
mein Körper glüht vor Freude
im grünen Grase.

***

Sommerregen fällt,

benetzt die heißen Striemen,

mein Verlangen wächst...

***

Im grünen Grase

ganz besondere Liebe:

Hart, aber herzlich!

***

Sommerregen fällt,

lässt dein langes Haar tropfen,

während du mich peitscht.

***

Mangelhafte Arbeitsleistung

Ist der Output nicht sehr toll,
hau ich dir den Hintern voll,
Hose runter und gebückt,
deinen Po der Stock zerpflückt.

Du schreist gar laut vor Schmerzen,
heraus aus tiefsten Herzen,
und windest dich wie ein Aal
in deiner riesigen Qual.

Bevor die Striemen bluten,
dich Schmerzen überfluten,
dann die Strafe ist vorbei,
dein Wohl ist mir nicht einerlei.

Pflege also deinen Fleiß,
denn sonst zahlt dein Po den Preis,
obwohl du gewohnt das bist,
es recht unangenehm ist.

***

Der alte Stock

Nun steht er in der Ecke,
ungenutzt seit langem,
unbeachtet schon seit Jahren,
leicht bedeckt vom Staub der Zeit.

Er lebt weiter in den Köpfen,
unvergessen ist sein Schrecken,
und auch sein Pfeifen in der Luft,
das schon lange ist verklungen.

Würde man ihn heute nehmen
und einen kleinen Tanz nur wagen,
er würd zerbrechen in zwei Teile,
zu alt schon ist der gelbe Stock.

So landet er im Müll alsbald,
entsorgt als Hausmüll ohne Gnade,
doch in den Herzen lebt er weiter,
drum sag ich ‚Danke', gelber Onkel!

***

Haiku-Ecke

Ich werde versohlt,
dann folgt der Versöhnungssex.
Ich war dir untreu.

***

Was für ein Zwitschern!
Sind die Vögel aufgeregt
weil du mich bestrafst?

***

Liebe mit Hieben:
Zärtlichkeit mit Leidenschaft
schafft Lust und Striemen.

***

Gedanken eines Rohrstocks

Nun ist es wieder gleich soweit,
die nächste Straf' ist an der Zeit,
eben er war noch voller Trotz,
drum heult er gleich Wasser und Rotz!

Tüchtig gerben ich werd sein Fell
und vergessen nicht eine Stell,
das von seinem Po, dem reinen,
viele schöne Striemen scheinen.

Heut ich schlage hart den Knaben,
will an dem Geschrei mich laben;
bis die Schreie werden leiser,
weil die Kehle ist ganz heiser.

Seine Frau ist morgen dran,
sie schreit viel schneller als ihr Mann,
doch wechseln sie sich beide ab,
das Ageplay hält sie gut auf Trab.

Ich finde schön das laut Gewimmer,
dann den Po ich beiß noch schlimmer,
stanze Striemen in ihre Haut,
damit das Balg schreit auch recht laut.

Sie erleiden große Schmerzen,
doch sie kommen ganz vom Herzen,
denn die vielen harten Hiebe
sind die Form von ihrer Liebe.

Darum ich sie dann auch erhitz
in ihrem wunderschönen Schlitz,
dazu ich auch sein Glied heiz auf,
als Startsignal zur Liebe Lauf.

Und ist es endlich dann vollbracht,
das Balg muss geben tüchtig acht,
dass es sich sachte setzen tut,
sonst beißen Striemen voller Wut.

Komm ich dann wieder in den Schrank,

wart ich auf den nächsten Gang,

denn neue Frechheit kommt bestimmt,

dann wird erneut ein Balg vertrimmt.

Es heißt dann wieder „Hol den Stock,

leg dich dann gleich über den Bock,

damit es geben kann viel Senge,

mit dem Stock in voller Strenge!"

Jetzt ich freu mich darauf schon.

dir zu zahlen der Frechheit Lohn,

auch wenn ich nur Gehilfe bin,

beim Ageplay ich doch stets gewinn.

***

Noch eine Haiku-Ecke

Heiß brennt meine Lust,
wenn du den Stock tanzen lässt.
Überall Hitze.

***

Die Feuerküsse
brennen auf meinem Gesäß.
Dein Liebesbeweis.

***

Quittung für Faulheit,
tief gebückt steh ich vor dir.
Warten auf Strafe.

***

Vergebliches Warten

Einmal die Woche kam er zu ihr,
reserviert war ein bestimmter Stock,
nur auf seinem Hintern durft' er tanzen,
als Gunstbeweis von seiner Herrin.

Er war achtzig Jahre oder älter,
ihr Stammgast schon seit vielen Jahren,
pünktlich kam er wie ein Uhrwerk,
nahm stets hundert Hiebe auf den Po.

Der Ablauf, er war immer gleich,
verschafft ihm Freude und viel Spaß,
er genoss die Zeit der Strafe,
wie andere ein Fußballspiel.

Doch diesmal wartet sie vergebens,
ihr Lieblingskunde – er kommt nicht.
Sie weiß nicht, was vielleicht geschehen,
doch eine dunkle Ahnung erfasst ihr Herz.

***

Besonderer Kunstgenuss

Ein Haibun

Du liebst es, mir mit dem Stock das Hinterteil zu verstriemen. Meine Schmerzenslaute sind Labsal für deine Ohren, die Striemen auf meinem Gesäß für dich ein Augenschmaus. Mein ‚Gesang' klingt für dich wie eine Arie in der Oper: schaurig schön.

Lautes Schmerzgeheul
entfährt aus meinen Lungen
- für dich Lustgesang.

***

Geliebte Hiebe

Beschwingt gehst du an mir vorbei,
gibst auf den Po mir einen Klapps,
ich ganz artig ‚Danke‘ sage,
wie du es mir hast beigebracht.

Doch nicht auf Dauer ich bin brav,
schon bald ich teste Grenzen aus,
erzürne dich mit Flausen viel,
weshalb du mich bestrafen musst.

Schnell all meine Hosen fallen,
so dass ich unten nackig bin,
und gar heftig kann nun tanzen
der böse Stock auf meinem Po.

Schnell bin am Heulen ich ganz laut,
doch hält nicht lange dieses an,
denn rasch das Schöne überwiegt:
vom Stock erzeugte wilde Lust.

***

Haiku zum Thema Seitensprung

Ich war dir untreu.
Eine Scheidung ist teuer.
Du greifst zum Rohrstock.

***

Der Sturm der Liebe
trieb mich in fremde Arme.
Ich möchte büßen.

***

Harte Stockschläge,
Buße für den Seitensprung.
Besser als Scheidung.

***

Lautes Wimmern

Leise wimmernd lieg ich überm Bock,
denn ich war faul, dazu gar frech noch,
dafür nun muss ich teuer zahlen,
denn du den Stock lässt tüchtig tanzen.

Auf dem Po ein schlimmes Feuer brennt,
die Schmerzen rasen durch den Körper,
doch ich bin leise, will nicht schreien,
weil du das Spiel beenden könntest.

Ich will der Hiebe Wucht genießen,
denn sie erzeugt gar köstlich Lust mir,
schon ich spür den Lustsaft steigen
und weiß, dass es dir auch so geht.

Dann wird mein Gesang doch aber laut,
vermischt sich mit des Stockes Klatschen,
nun vor Lust und Schmerz mein Liedchen
                              klingt,
das alte Lied der Rohrstockfreunde.

Als die Bestrafung dann ist vorbei,
zieren den Po gar viele Striemen,
doch viel höher die Flammen schlagen
in meinem Herzen und den Lenden.

Weinend ich in deine Arme sinke,
beglückt von deiner Lusterfüllung,
die mich gar laut zwar wimmern lässt,
jedoch mir reinste Erfüllung bringt.

Und so genieße ich die Liebe,
die auch besteht aus vielen Hieben,
denn als Höhepunkt kommt erst der
                              Schmerz,
dem folgt sogleich mein laut Lustgeschrei.

Auf mein „AUA!!!" stets folgt mein „Oooohh-
jaaaaaa!!!"

***

Hiebe auf dem Reiterhof

Ein Haibun

Ich fuhr gerne zum Reiterhof hinaus. Die vielen Frauen in ihren engen Reithosen hatten es mir angetan. Doch an diesem Tag war nicht viel los und ich etwas unachtsam. Ein Pferd scheute. Sofort sprang die Reiterin, eine arrogant wirkende Mitfünfzigerin, aus dem Sattel und verpasste mir zwei schallende Ohrfeigen. Danach zog sie mich am Ohr in einen Stall, wo sie ihre Reitgerte ausgiebig auf meinem Gesäß tanzen ließ.

Pure Arroganz
zeigt die Frau in Reithose.
Reitgerte trifft Po.

***

Bestrafung einer Nervensäge

Du gehst mir mächtig auf die Nerven,
obwohl du sonst bist ach so schlau,
drum werd' ich dich jetzt überwerfen
und prügeln dich hübsch grün und blau.

Du wirst beginnen ein groß Jammern,
doch mich dein Heulen lässt ganz kalt,
du kannst dich ruhig am Tisch festklam-
mern,
die Prügel hör'n nicht auf so bald.

Wenn tüchtig der Stock hernieder saust
und dir verabreicht Streich auf Streich,
geführet von meiner strengen Faust,
dann wirst du sein bald windelweich.

Dank meines Rohrstocks großer Strenge
lernst du sehr schnell zu sein recht brav,
denn sonst gibt es bald wieder Senge,
erleidest du die nächste Straf.

***

Allerlei Haiku

Rot leuchten Striemen,
wenn der ‚Gelbe Onkel' tanzt.
Wohltuender Schmerz.

***

Mein Liebesleben,
gestaltet von der Peitsche:
wild und wunderschön.

***

Sehnsucht nach Hieben,
doch niemand will mich peitschen.
Aufstauende Lust.

***

Sie sieht meinen Po,
befühlt die blauen Flecken.
Mein Glied reagiert.

***

Nackt und glatt rasiert
liegt deine Möse vor mir.
Lusttropfen perlen.

***

Heftig schwingt der Stock,
mein Verlangen gilt beiden:
Dir und dem Rohrstock.

***

Buße

Du Lümmel hast mir Geld gestohlen,
dafür geh nun den Stock ich holen,
du tust dich schon mal nackig machen
ordentlich weglegen die Sachen.

Wenn ich dann wiederkomme sogleich
empfängst du sofort den ersten Streich,
danach dann gibt es viele Hiebe
zur Austreibung der schlimmen Triebe.

Da bin ich wieder, der Stock ist da,
du bist nicht nackt, wie's befohlen war
drum beginnen wir den Strafreigen
mit recht vielen harten Ohrfeigen.

Ja, heule nur und schrei laut, du Hund,
das wird für dich eine schwarze Stund,
denn wenn ich mit dir erst fertig bin
steht nach Diebstahl dir nicht mehr der Sinn.

Gerätst du trotzdem noch ins Wanken,

wird zeigen dir der Stock die Schranken,

aber sei jetzt einsichtig und lieb

und nimm entgegen den ersten Hieb!

Brav krümmst vor mir du deinen Rücken,

immer tiefer tust du dich bücken,

erfasst hat dich endlich die Einsicht.

Doch schützt sie dich vor der Buße nicht.

Nun wird der Stock den Arsch dir wärmen,

ich will hören keinerlei Lärmen,

du sollst ertragen folgsam und brav

zur Buße des Stockes strenge Straf!

***

Haiku zum Thema Herbst

Rot leuchtet das Laub,
so wie mein versohlter Po
an diesem Abend.

***

Warmer Herbstabend,
ich sehne mich nach dem Stock,
der Wollust auslöst...

***

Der Wind des Herbstes
umspielt meine nackte Haut,
kühlt meine Striemen.

***

Die Nebeltage
erleichtern das Spiel im Wald,
nur mein Geheul stört.

***

Welch schöner Vollmond!
Mein Verlangen steigert sich
nach dir und dem Stock...

***

Hart heizt du mir ein
in der Kühle des Herbstes,
so wie ich es mag!

***

Heißes Verlangen
nach Liebe, Lust, Leidenschaft,
auf unsere Art.

***

Der scheidende Herbst
lässt Wehmut aufkommen
nach Spielen im Wald.

***

Laut wie die Grille
stöhne ich vor Qual und Lust
im herbstlichen Wald.

***

Ich, der Stock

Im Schrank da hab ich einen Ehrenplatz,
werde gehütet wie ein großer Schatz!
Gezüchtigt hab ich schon viele Weibchen,
mal nackt, im Höschen oder im Kleidchen.

Auch hab ich schon bestraft viel' Männer,
denn meine Striemen entzücken Kenner.
Ich lieb es, pfeifend herabzusausen,
den Früchtchen auszutreiben die Flausen.

Anfangs freche Hintern leuchten noch hell,
doch bring ich sie zum roten Leuchten
schnell.
Ich liebe meines harten Aufpralls Klang,
und des Opfers lauten Schmerzensgesang!

Striemen, Jammern und verheulte Augen
daraus tu ich Zufriedenheit saugen.
Wenn die Menschen danach sind wieder
brav,
war meine Arbeit die richtige Straf!
***

Bestrafung eines Simulanten

Eine Dekalogie aus zehn Haiku

1.

Krankheit statt Klausur,

mein Ausweg statt zu Lernen.

Ich werde erwischt.

2.

Krankheit ist kein Spaß,

zur Strafe gibt's den Po voll.

Es tanzt der Rohrstock.

3.

Es folgt ein Klistier,

zwei Liter pumpt man in mich.

Drückendes Gefühlt.

4.

Alles in mir drin.

Ich muss es im Darm halten,

fünf Minuten lang.

5.

Ein Stöpsel im Po

verhindert das Auslaufen.

Verzweifelter Kampf!

6.

Die Strafzeit ist rum,

ich darf auf die Toilette

- doch der Weg ist weit.

7.

Auf der Klobrille,

heiß schießt die Brühe heraus,

mein Darm entleert sich.

8.

Welch schlimmer Geruch!

Mein Kopf wird ins Klo gedrückt.

Ekliger Anblick!

9.

Der letzte Strafteil:

Mein Kopf vor meiner Brühe,

Schläge auf den Po.

10.
Dann ist es vorbei,
meine Strafe ist verbüßt.
Nun darf ich duschen.

***

Mut machen

Du kannst mir voll und ganz vertraun,
der Stock wird dich gar tüchtig haun,
die Striemen werden sein sehr rot,
dann ist alles wieder im Lot,
und nach der Stunde Eckestehn
ist dir vergeben dein Vergehn.

***

Strafantritt

Marsch, Bürschchen, ab über den Bock,
jetzt gibt es Hiebe mit dem Stock!
Ich haue deinen Arsch hübsch blau,
vielleicht wirst du ja dann doch schlau
und kapierst,: dass Lernen muss sein,
als Ersparnis größerer Pein!

Als Erstes tanzt jetzt der Riemen
zum Vorwärmen, nicht zum Striemen,
erst wenn dein Hintern ist schön rot
beginnt für dich die große Not:
Der Rohrstock unerbittlich tanzt,
Striemen in deinen Arsch dir stanzt.

Das wird geben ein laut Geschrei
mit vielen „Au", „O weh" und „Wei",
doch daran bist du selber schuld,
ein Faulpelz verdient keine Huld,
wer meint, dass er nicht lernen muss,
der Schläge kriegt im Überfluss.

***

50

Warten auf die Strafe

Der Frau ist schon seit Stunden bange
und weinen tut sie auch schon lange.
Sie war sehr frech, das war gar nicht fein,
deshalb ihr Mann sagt: „Strafe muss sein!",
so steht sie nun, die sonst so Kecke,
weinend in einer Zimmerecke,
wartend, dass sie muss über den Bock
damit bestrafen sie kann der Stock.

***

Arbeitsverweigerung

Rasch fliegt hoch dein kurzes Röckchen,
und pfeifend sirrt schon das Stöckchen,
klatscht gleich darauf auf deinen Po,
weil du nicht putzen willst das Klo.

***

Haiku zum Thema Winter

Ein Tag im Winter,
durch die Liebe und den Stock
lustvolle Wärme.

***

Der Winter tritt ein,
kühlt meine heißen Striemen,
erwärmt mir das Herz.

***

Der Winter ist da,
hält das Land in festem Griff,
so wie du auch mich.

***

Schneebedecktes Land,

striemenverzierter Körper:

Jahreszeit trifft Lust.

***

Schöne Winternacht:

Rot schlägt dein Stock meinen Po,

hell blinken Sterne.

***

Verdorrte Astern,

mein Körper heiß und verstriemt,

jetzt haben wir Sex.

***

Holz knackt im Kamin,

der Rohrstock liegt schon bereit.

Hier wird es gleich heiß.

***

Trotz eisigem Wind

spür ich heißes Verlangen

nach Liebesfolter.

***

Leise rieselt Schnee,

laut knallt die Peitsche auf mir:

Stunden voller Lust.

***

Albtraum

Eben noch lag ich über dem Bock,
auf mir tanzte gar heftig der Stock,
weil ich frech vor allen Leuten war,
musst ich mich bieten den Leuten dar.

Dann wurd ich hart am Genick gepackt,
und gezogen durch den Raum ganz nackt,
weil ich musst' in der Ecke stehen,
wo mich ein jeder konnte sehen.

Einen Scherz nur ich wollte machen,
über den alle sollten lachen,
doch leider alles hat nicht geklappt
und rasch ich wurde von dir geschnappt.

Bestraft wurd ich vor allen Leuten,
die darob den Jubel nicht scheuten,
doch ein Albtraum wurde es für mich,
weil meine Strafe war öffentlich.

***

Erinnerung

Hier sitz ich nun am dunklen Fluss
und denke lang an den Verdruss,
ich muss gestehen, ich war frech,
und deine Laune war mein Pech.

Anstatt über mich zu lachen,
tat der Stock gar tüchtig krachen,
ging mit großer Kraft hernieder,
traf meinen Po immer wieder.

Das mir brachte große Schmerzen,
was mich traf in tiefstem Herzen,
wenn mit fürchterlichem Sausen
mir vertrieb der Stock die Flausen!

Nun sitz' ich hier am dunklen Fluss
und denk zurück nur mit Verdruss,
ein Blick zur Uhr – oh, welch ein Graus,
es ist schon spät, ich muss nach Haus!

Komm ich zu spät, ergehts mir schlecht,

der Stock würd tanzen voller Recht,

weil Verspätung gilt als Unart,

was dich dann bringt sehr schnell in Fahrt.

Ich würde kriegen neue Prügel

auf des Hintern nackte Hügel,

jedoch ich will nicht überm Bock

als Tanzflur dienen für den Stock.

Drum steh ich auf mit viel Verdruss,

und geh' nach Hause, weg vom Fluss,

denn mir reichen noch die Hiebe

für der Frechheit böse Triebe.

***

Hiebe auf die Möse

Meine Beine sind gespreizt
und die Möse ist rasiert.
als mein Herr tritt auf mich zu
mit dem Rohrstock in der Hand,

Was nun folgt ist mir bekannt,
die Möse kriegt jetzt Hiebe
für die gar schlampig Arbeit
beim Putzen unsres Hauses.

Dabei es ist ein Leichtes
das Haus zu halten sauber,
doch leider ich recht faul war,
bezieh nun meine Strafe.

Kopfüber nun ich liege hier,
wartend auf des Rohrstocks Tanz,
der nun auch sogleich beginnt,
weshalb gar laut ich schreie!

Mein Geheul ist gar recht laut,
weil der Schmerz ist fürchterlich,
doch sehr streng du heute bist,
drum kennst du keine Gnade.

So sausen nun die Hiebe
und prügeln meine Möse,
ich winde mich vor Schmerzen,
aber auch vor Liebeslust.

Als die Möse doppelt heiß,
bitt ich um deinen Penis,
den du mir sogleich reinsteckst,
worauf gar wild wir bumsen.

Mir die Schmerzen tun recht gut,
bescheren mir viel' Wonnen,
drum werd ich schon bald wieder
recht faul und schlampig sein.

***

Schmerz und Freude

Du sagtest, ich sei frech gewesen,
darum du streng mich hast bestraft,
nun liege ich hier voller Striemen
und warte, dass du mich gleich nimmst.

Ich liebe Schmerzen und die Striemen,
weil sie entfachen meine Lust,
drum provozier ich dich so gerne,
weil auf die Strafe die Lust folgt.

Hat ausgetanzt auf mir der Rohrstock,
schnellt dein Penis aus der Hose,
mich beglückend mit wilden Stößen:
Durch Schmerz verstärktes Liebesglück.

***

Strafe für einen Seitensprung

Du warst mit einem andren schmusen,
hast ihm gezeigt den nackten Busen,
hast dich vor Lust an ihm gerieben,
bevor ihr oft es habt getrieben?

Die Busen prügelt gleich der Riemen,
der Stock verziert den Arsch mit Striemen,
deine Hände kommen auch noch dran,
damit sie lassen von diesem Mann.

Aus deinem Herzen wirf ihn sogleich,
sonst dich haut der Rohrstock windelweich,
wird auch strafen deiner Möse Loch,
dies tagtäglich, sieben Tag die Woch'!

Doch wirst du sein von nun an sehr brav,
wirst nur noch von meinem Anblick scharf,
dann du bekommst nur einmal Hiebe,
auf die Möse als Quell der Triebe.

***

Kopfkino

Eine Hexalogie aus sechs Haiku

1.

Eine junge Frau
mit langen schwarzen Haaren
vor mir her schreitend.

2.

Strammsitzende Shorts
und ein hüftschwingender Gang.
Blind für die Umwelt.

3.

Mein Kopfkino läuft:
Über meine Knie gelegt
haut dich meine Hand.

4.

Mit leicht rotem Po

stehst du in einer Ecke.

Der Stock wartet noch.

5.

Dein nacktes Gesäß

zuckt unter den Stockhieben.

Lust übermannt uns.

6.

Das Ende des Films,

unsre Wege trennen sich.

Das Kopfkino bleibt.

***

Dein süßer Po

Dein Po ist süß und voller Anmut,
sein Anblick ist gar immer lieblich,
darum genieß ich deine Nacktheit,
weil nichts den Anblick kann verdecken.

Nicht nur hübsch dein Po ist anzusehn,
ihn zu versohlen macht mir auch Spaß,
gar köstlich, wenn er schon bald wird Rot,
und sich windet unter den Hieben.

Doch nicht nur deines Hinterns Farbe,
nein, auch die Hitze ist gar reizend,
die aufsteigt nach der Hände Klapse,
sich schnell verbreitend bis zum Herzen.

Wenn seinen Tanz der Rohrstock beginnt,
Röte und Hitze schwellen rasch an,
gar heftig ist er dann am Zucken,
lässt blitzen auf sein geheimes Loch.

Mit dem Po du wackelst ungeniert,

während des Stockes Hiebe prasseln,

doch immer wieder ich mach Pause,

um zu betrachten mein schönes Werk.

Dein Po verziert von roten Striemen,

von glänzend Schweiß sanft überzogen,

liegt vor mir wie ein hübsches Kunstwerk,

mit dem gern du kokettierst vor mir.

***

Gedanken einer Dienstmagd

Als Dienstmagd ich arbeite,
muss immerzu gehorchen,
denn wenn ich das nicht mache,
haut man voll den Hintern mir.

Ziemlich oft saust dann herab
der gelbe Artigmacher,
gräbt sich in die Globen ein,
den süßen Po verstriemend.

Doch schlimmer als die Schmerzen
ist das entfachte Feuer,
das gar rasch ausbreitet sich
und entfacht in mir die Lust.

Auch empfinde ich viel Scham,
denn ich werde nackt bestraft,
nichts soll die Hiebe dämpfen
und mildern ab die Strafe.

Erst heißt es ‚Hoch den Rock',
dann ‚Runter mit dem Höschen',
sodann ich kriege Hiebe,
am Schluss ich werd befummelt.

Meine Herrschaft, die darf das,
denn ich bin nur die Dienstmagd,
außerdem gefällt es mir,
weil es ist mein Naturell.

Meine Rolle, die ist klar,
genauso will ich leben,
Gehorsam und auch Hiebe
sind mein Lebenselixier.

***

Haiku zum Thema Frühling

Der Frühling regiert:
Lustvolle Höhepunkte
durch dich und den Stock.

***

Das Gras im Nebel,
die Striemen auf meiner Haut:
Schöne Anblicke!

***

Frühlingsnachmittag:
Blumen blühen, das Gras wächst,
Striemen schimmern rot.

***

Am Frühlingsabend
werde ich von dir bestraft
und stöhne lustvoll...

***

Lustschmerz im Frühling
lässt meine Säfte fließen,
Gefühle wachsen.

***

Der blaue Himmel
überdacht meine Demut,
die Liebe zu dir.

***

Grün leuchtet das Gras,
hell und heiß brennt die Sonne,
rot schimmern Striemen.

***

Am Frühlingsabend
bereite ich dir viel Lust
durch lautes Jammern.

***

Endlich ist Frühling,
die Temperatur steigt an.
Auch auf meinem Po…

***

Die Züchtigung

Über dem Küchentisch liegst du,
das Hinterteil komplett entblößt,
nun alles Betteln hilft dir nicht,
überspannt hast du den Bogen.

Hart knallt der Stock auf deinen Po,
wilder Schmerz durchzuckt den Körper,
Hitzewellen spürst du rasen
- des Hinterns wilder Tanz beginnt.

In den Raum deinen Schmerz du schreist,
wie ein Fluss die Tränen fließen,
doch tapfer zählst du jeden Hieb,
denn diese Strafe ist verdient.

Hieb auf Hieb dich tüchtig verstriemt,
doch in all der großen Hitze
unter dem Mantel der Schmerzen
verspürst du unbändige Lust…

***

Freude

Zischend der Stock saust schnell herab,

voll Wonne hör ich sein Pfeifen,

spür den Aufprall auf meinem Po,

die Wogen von heißem Feuer,

spür im Körper den ganzen Schmerz,

den ich voll Freude nehme wahr.

Beim Aufprall habe ich geschrien,

erst vor Schmerz, danach vor Wonne,

denn Prügel mit dem Stock ich mag,

sowie die Zärtlichkeit danach.

***

Haiku-Ecke

Heiß brennt die Liebe,
verzehrt mir Herz und Seele
zu dir und zum Stock.

***

Ein schönes Hobby:
Mancher sammelt Briefmarken,
ich strieme Hintern.

***

Sie leckt die Füße,
dann bittet sie um Schläge
- so ist unser Spiel.

***

Du liebst die Schläge,

die Erniedrigung durch mich!

Du bist die Traumfrau!

***

Ich hole den Stock,

damit du mich prügeln kannst,

so wie ich es mag.

***

Ich liebe den Stock,

Erniedrigung, Schmerz und Pein

- und dich, o Herrin!

***

74

So viele Dinge:

Verlangen, Lust, Schmerz, Sehnsucht

in meinem Faible...

***

Lustvolles Stöhnen,

Hiebe auf deine Möse,

Ekstase bricht aus.

***

Wildes Verlangen,

ich sehne mich nach Hieben.

Unerfüllte Lust.

***

Mein Empfinden

Im sanften Licht der Kerzen
schimmert rot mein Hinterteil,
verziert von vielen Striemen,
mir große Lust bereitend.

‚Marotte‘ nennt es mancher,
ich sag lieber ‚täglich Brot‘,
denn ohne deine Hiebe
wär mein Leben nicht so schön.

Herrlich deine Schläge sind,
schmerzhaft und doch voller Lust,
drum genieß den Stocktanz ich,
dabei Lustsäfte strömen.

Hab die ‚Strafe‘ ich verbüßt,
genieß ich Lust und Schmerzen,
dann ich freu mich tagelang
über die schönen Striemen.

***

Im Nebel der eigenen Lust

Wie ein Wandersmann im Nebel,
such ich im Leben meinen Weg,
taste mich voll Vorsicht weiter,
riskier den Sturz bei jedem Schritt.

Die andren Menschen schreiten aus,
ohne Zögern oder Zaudern,
auf dem alten Pfad der Liebe,
der ihnen bringt der Wollust viel.

Sie tauschen Küsse, streicheln sich,
lecken und lutschen lächelnd sich,
dazu sie stoßen hemmungslos,
fluten alle ihre Löcher.

In ihrer ganzen Wonne Lust
wird nicht bemerkt der Wanderer,
der all ihr Treiben sehen tut,
ganz ungerührt und regungslos.

Natürlich küss auch ich sehr gern,

doch nicht sogleich mit meinem Mund,

zuerst ich brauch den Feuerkuss,

damit in Wallung kommt mein Herz.

Keine Liebe ohne Hiebe,

so ist meines Lebens Credo,

womit ich meistens abseits steh

in dieser Welt voll Leidenschaft.

So irre durch das Leben ich,

stets auf der Suche nach dem Glück,

laufe wie durch einen Nebel,

höre den Stock und find ihn nicht.

Seelenverwandte, wo bist du?

Gib bitte zu erkennen dich,

damit die Such ein Ende hat,

das Leben ich genießen kann.

***

Noch ein paar Haiku

Autobahnrastplatz,
Frau auf der Motorhaube.
Klatschend trifft der Stock.

***

Gehorsam kniest du,
präsentierst den Kochlöffel.
Vorfreude regiert.

***

Resonanzboden
für des Gelben Onkels Tanz.
Rhythmisch zuckt mein Po.

***

Er peitscht meinen Po,

viele Striemen erblühen.

Zum Schluss bumst er mich.

***

Kleiner Waldparkplatz.

Ins Autofenster geklemmt

bekommst du Hiebe.

***

Lautes Geheule,

du bekommst tüchtig Hiebe.

Pobacken zittern.

***

Erst Leid, dann Freud

Nun ist sie da, die Sühnezeit,
die Straf steht an für Dreistigkeit,
fort sind meiner Hoffnung Schimmer,
zögernd komme ich ins Zimmer.

Eng liegt am Leib mir die Strafhos,
ansonsten ist mein Körper bloß,
was steigert tüchtig meine Scham,
lässt werden Schritte beinah lahm.

„Nun mach schon, leg dich übern Bock,
es harret deiner schon der Stock",
so schimpft die Herrin schon recht laut,
dabei sie auf den Schritt mir schaut.

Dann ist's soweit, ich liege hier,
die Herrin steht gleich neben mir,
zieht ab den Schlüpfer mir im Nu,
beschimpft mich fürchterlich dazu.

Schon ich hör das laute Pfeifen,
flugs mein Leib tut sich versteifen,
dann landet schon der erste Hieb
und weckt in mir zur Flucht den Trieb.

Doch tapfer harre ich hier aus,
auch wenn mich hat gepackt der Graus,
denn schon die Hiebe zwei bis vier
verstriemen schlimm den Hintern mir.

Nun Herrin wird zur bösen Hex,
lässt Zeit sich mit Hieb fünf und sechs
genießen soll die Schmerzen ich,
vor Lachen schüttelt Herrin sich.

Dann folgen Hiebe sieben, acht,
wobei sie nun gehässig lacht,
zudem sie mir die Spurn beschreibt,
rau über meine Striemen reibt.

Neue Schläge treffen kräftig,

Schmerzen fühle ich gar heftig,

zappel lebhaft mit den Beinen,

hemmungslos ich tue weinen.

Hinab den Körper mir Schweiß rinnt,

ganz winzigklein ist nun mein Pint,

der sonst ist immer stark und groß,

bereit für ihren Frauenschoß.

Doch noch es ist nicht ganz vorbei,

es landet jetzt Hieb zwanzigzwei,

der Schmerz ist unerträglich mir,

ich wünsch mich weg vom Jetzt und Hier.

Dann die letzten Hiebe knallen,

lassen mich die Fäuste ballen,

denn nun der Stock lässt meinen Po

ganz furchtbar brennen lichterloh.

Noch lange hallt mein Wehgeschrei,

doch noch es ist nicht ganz vorbei,

die Herrin schilt mich ‚Freches Schwein,

darum die Schläge mussten sein!"

Jetzt sie ist ganz übermütig,

streng gesinnt und gar nicht gütig,

will weiter sehen leiden mich,

weiden an meinen Tränen sich.

Striemen kneift sie, bis ich weine,

es erfreut sie mein Gegreine,

findet lustig mein Gestöhne,

zeigt mir dies mit viel Gehöhne.

Als auch verbüßt ist diese Straf

und ich gelob, zu sein ganz brav.,

muss nun ich in die Ecke gehn,

dort tu ich dann zur Strafe stehn.

84

Die Herrin sitzt dann irgendwo,

betrachtet meinen roten Po,

dabei sie schaut auch immerzu,

hinüber zu der großen Uhr.

Als vorüber ist die Strafzeit

erfasst mich wieder Heiterkeit,

denn nun mein Schwanz ist wieder groß,

bereit für meiner Herrin Schoß.

Jetzt ich habe ohne Wanken

meiner Herrin sehr zu danken,

und so zu Willen ich ihr bin

und gebe mich der Wollust hin.

***

Immer wieder freitags

Ein Haibun

Endlich ist es Freitagabend! Höchste Zeit für unseren lustvollen Abend. Schon entblöße ich meine Kehrseite, bücke mich und erwarte voller Vorfreude deine Hiebe mit dem Rohrstock. Du bist nicht zimperlich, deine ‚Handschrift' ist klar und deutlich. Genauso brauche ich es zum Glücklich sein. Schon nach wenigen Hieben spüre ich die aufsteigende Erregung...

Du schwingst den Rohrstock,
platzierst recht harte Hiebe.
Mein Lustgefühl steigt.

***

Letzte Haiku

Heftig zuckt mein Po,
es tanzt der Gelbe Onkel.
Schmerzhafter Genuss.

***

Es tanzte der Stock,
Strieme liegt neben Strieme.
Mein Penis ist hart.

***

Ein freches Mundwerk
bringt dir einen Povoll ein.
Glückliche Ehe.

***

Auf dem Reiterhof

eine Frau in Reithose.

Ein strammer Popo.

***

Gebückt steh ich da,

die Frau schwingt die Reitgerte.

Lacht mich das Pferd aus?

***

Rot wie das Herbstlaub

leuchtet mein bestrafter Po.

Bunte Jahreszeit.

***

Es tanzt der Rohrstock,
Striemen als Tanzabzeichen,
Schmerz statt Lorbeerkranz.

***

Ich soll mich bücken
und gehorche dir sofort.
Hiebe oder Sex?

***

Auf dem Reiterhof
bückt sich tief ein Mann.
Frau mit Reitgerte.

***

Das Vorspiel

Ein Haibun

Bei unserem Rendezvous liegt der Rohr-stock deutlich sichtbar auf dem Tisch. Wir bleiben nicht lange angezogen, denn die Hitze der Lust hat uns schnell erfasst. Rasch springen wir aus der Kleidung. Kaum stehst du nackt vor mir, als du dich auch schon mit einem Lächeln im Gesicht über den Sessel beugst. Ich greife nach dem Rohrstock und werde damit deine Lust bis zum Siedepunkt anfachen. Wenn nicht nur deine Lusthöhle, sondern auch dein Gesäß und dein Herz in hellen flammen stehen, werden wir uns ver-einigen.

Tüchtig auf den Po
zählst du mir auf die Hiebe.
Klatschendes Vorspiel.

***

Nach dem Geständnis

Ein Sonett

Bei einem Treffen fernab von Leuten
hast du gestanden mir deine Liebe,
wolltest, dass ich dir mein Glied reinschiebe,
warst sicher, dass wir es nicht bereuten.

Wir bumsten, worüber wir uns freuten,
doch du hattest noch ganz andre Triebe,
wolltest vor der Liebe viele Hiebe,
tatest seelisch dich erst sehr spät häuten.

Seitdem versohl ich gründlich dir den Po,
erfreu mich an deinem lauten Gesang,
das Zeugnis gibt von deiner Leidenschaft.

Lustvoll wir genießen unisono,
des klatschenden Stockes lieblichen Klang,
und unsre Liebe hat nun noch mehr Kraft.

***

Lob der Ehezucht

Schön ist unser Eheleben,

denn tut einer Klag erheben,

wird nicht lang herumgeredet,

sondern mit dem Stock gewedelt.

Ein Fremdwort für uns Scheidung ist,

zudem das Leben wird nicht trist,

denn Spanking ist wie eine Sucht,

drum leben wir in Ehezucht.

***

2. Lehrgedichte

Verhalten in der Schule

Hast im Kopf du nichts als Flausen,
lehrt der Stock dich schnell das Grausen.

***

Stets lieb und artig musst du sein,
sonst prügelt dich das Stöckchen fein.

***

Du stellst dich dumm, bist aber schlau,
dann schlägt der Stock dich grün und blau.

***

Hausaufgaben sind sehr wichtig,
sonst tanzt der Stock auf dir so richtig.

Bist du faul und nicht sehr strebsam,

schwingt das Paddle an meinem Arm.

***

Der Schulhof ist sauber zu halten,

sonst lasse ich den Rohrstock walten

***

Süßigkeiten sind tabu,

sonst der Stock schlägt wieder zu.

***

In der Schule ist Rauchen verboten,

sonst gibt es Hiebe auf deine Pfoten.

Verhalten im Beruf

Was für die Schule einst war richtig,
fürs Berufsleben ist auch wichtig.

***

Hast zur Arbeit du ‚Null Bock',
tanzt auf dir der gelbe Stock.

***

Bist zur Kundschaft du recht barsch,
haut der Stock dir voll den Arsch.

***

In allem hat der Chef stets Recht,
sonst geht's dir unterm Rohrstock schlecht.

Allgemeines Sozialverhalten

Fährst du ein Auto trotz Alkoholgenuss,
bereitet der Stock dir recht viel Verdruss.

***

Hilfst du nicht im schönen Garten,
lässt der Stock nicht auf sich warten.

***

Wälzt du dich im dunklen Schlamm,
zieht der Stock die Hose stramm.

***

Versprechen hält man immer ein,
sonst prügelt dich der Stock gar fein.

Für Männer:

Das Onanieren ist nicht fein,

das bläut der Stock dir tüchtig ein.

***

Für Frauen:

Das Masturbieren ist nicht fein,

das bläut der Gürtel dir nun ein.

***

Kannst du nicht zähmen deine Triebe,

verpasst der Stock dir viele Hiebe

Schlägst du aus des Bodens Fass,

schlägt der Stock dich ganz schön krass.

***

Es naht der Tag von Nikolaus,

dann klatscht der Stock die Sünden aus.

***

Täglich du musst wechseln deinen Slip,

sonst bringt der Stock einen Höllentrip.

***

Brot wegwerfen, das tut man nicht,

sonst tanzt der Stock, bis er zerbricht.

Rauchst du heimlich wie ein Schlot,
haut den Po der Stock dir rot.

***

Fasst du Frauen an ihre Hügel,
verpasst der Stock dir tüchtig Prügel.

***

Bügelst du nicht gut die Wäsche,
verpasst der Stock dir tüchtig Dresche.

***

Machst du schmutzig mir das Haus,
klatscht das Stöckchen dich fein aus.

Schuhe putzen ist nicht schwer,

sonst der Po gar leidet sehr.

***

Über das Essen schimpft man nicht,

sonst tanzt der Stock, bis er zerbricht.

***

Wenn du schlägst über die Stränge,

sorgt der Stock für tüchtig' Senge.

***

Wenn deine laute Musik tut stören,

treibt aus der Stock dir Sehen und Hören.

Vergisst du gutes Benehmen,
wirst du unterm Stock viel lärmen.

***

Maulst du herum und bist gar bockig,
dann haut der Stock den Arsch dir flockig.

***

Stellst du dich taub ganz unverhohlen,
wird dir der Stock den Po versohlen.

***

Spielst du hier eine Mimose,
haut der Stock dich auf die Hose.

Für Männer:

Onanierst du, spritzt gar ab,

haut der Stock dich nicht zu knapp.

***

Für Frauen:

Masturbierst du, kommst du gar,

geht's in die Ecke, das ist klar.

***

Unterwäsche muss man tragen,

sonst man unterm Stock tut klagen.

Trägst du keine Unterwäsche,
gibt es mit dem Stock viel Dresche.

***

Für Frauen:
Trägst du Nuttenunterwäsche,
sorgt der Stock für tüchtig Dresche.

***

Putzt du nicht Dusche, Bad und Klo,
haut dir der Stock Schenkel und Po.

Müll, den muss man richtig trennen,
sonst lernst schnell den Stock du kennen.

***

Bist langweilig du im Bett,
ist der Stock zu dir nicht nett.

***

Gehst du ins Geschäft zum Klauen,
wird der Stock dich arg verhauen.

***

Klaust du Geld, wenn du bist klamm,
zieht der Stock den Slip dir stramm.

Wenn du dich halten tust für toll,
haut dir der Stock den Hintern voll.

***

Alkohol trinke in Maßen nur,
sonst gibt's Hiebe auf den Hintern pur.

***

Pinkelst du dir in die Hose,
zieh ich stramm die Unterhose.

***

Widerworte sind ein Graus,
deshalb treibt der Stock sie aus.

Neigst du zu des Rauchens Sucht,
heilt der Stock dich mit viel Wucht.

***

Polizisten beleidigt man nicht,
sonst haut der Stock dich frechen Wicht.

***

Nett ist man zu Politessen,
sonst gibt's Hiebe nach Ermessen.

***

Gibst du dich gar sehr verschroben,
haut der Stock dich auf die Globen.

Gesundes Essen ist sehr wichtig,
sonst haut das Stöckchen, aber richtig!

***

Drängst du dich in den Vordergrund,
erlebst du eine schwere Stund.

***

Geizig sein ist gar nicht fein,
das bläut dir gleich das Paddle ein.

***

Über Veganer lacht man nicht,
sonst haut der Stock dich frechen Wicht.

Für Frauen:

Die Beine stets geschlossen sind,

sonst haut der Stock dich wie ein Kind.

***

Auf den Boden spuckt man nicht,

sonst tanzt der Stock, bis er zerbricht.

***

Für Männer:

Zeigst du vor einer Frau dich nackt,

haut dich der Stock, dass es viel zwackt.